Nouvelle Calédonie.

. Exposé des motifs du projet de budget ... pour 1889.

EXPOSÉ des motifs du projet du budget des recettes et des dépenses du Service Local pour 1889.

Messieurs les Conseillers généraux,

J'ai l'honneur de vous soumettre, au nom du Chef de la colonie et conformément aux décrets du 20 novembre 1882 et du 2 avril 1885, le projet du budget du Service local pour l'Exercice 1889.

Mais avant d'entrer dans l'examen des différentes parties de ce budget, avant de traiter les diverses questions que les prévisions qu'il contient ont paru soulever, il est nécessaire de vous fixer sur les résultats donnés pour l'Exercice 1887 qui a pris fin au 30 juin dernier et aussi sur ceux obtenus pour les six premiers mois de l'Exercice en cours.

EXERCICE 1887

Comme les années précédentes et pour le même motif, c'est-à-dire par suite du peu de temps qui sépare la clôture de l'Exercice du moment fixé par le décret de 1885 pour la réunion du Conseil général, l'Administration est dans l'impossibilité de présenter le compte des recettes et des dépenses de cet Exercice, mais le tableau ci-après en fait ressortir les résultats d'ensemble.

EXERCICE 1887

Article 1er

	PRÉVISIONS budgétaires	DROITS Constatés	RECOUVRE-MENTS effectués
Contribution foncière....................	97.000 «	123.316.20	100.234.21
Contribution des patentes.............	65.000 «	85.700.45	69.249.08
Poids et mesures.........................	1.600 «	1.724.30	1.251.95
Droit de captation......................	«	«	«
TOTAUX..........	163.600 «	220.741.04	170.735.24

Article 2

	PRÉVISIONS budgétaires	DROITS Constatés	RECOUVRE-MENTS effectués
Contributions indirectes................	«	«	«
Droits de phare, balisage etc..........	50.000 «	55.936.59	55.936.59
Droits d'enregistrement.................	75.000 «	75.121.72	75.121.72
Produits des Postes.....................	50.000 «	55.560.25	55.560.25
Produits des Télégraphes...............	142.000 «	142.746.85	142.746.85
Droits de consommation sur les liquides	430.000 «	461.715.83	461.634.83
Taxe spéciale sur les tabacs et l'opium..	165.600 «	219.885.45	219.885.45
Droits d'emmagasinage..................	1.200 «	1.761 «	1.761 «
Licences diverses........................	25.450 «	27.556.73	25.159.65
TOTAUX..........	938.650 «	1.040.281.42	1.037.806.74

Article 3

	PRÉVISIONS budgétaires	DROITS Constatés	RECOUVRE-MENTS effectués
Divers produits et revenus.............	«	«	«
Produits des domaines..................	297.200 «	329.500.26	329.500.26
Mines et forêts..........................	10.000 «	52.929.84	52.929.84
Prix de vente d'objets remis au domaine	2.000 «	1.763.79	1.763.79
Recettes en atténuation des dépenses du Service local.....................	mémoire	«	«
Recettes diverses........................	34.000 «	33.515.15	33.513.15
Rétributions scolaires.................5	10.000 «	3.940 «	2.020 «
Frais de poursuites pour le recouvrement des contributions..............	2.000 «	667.80	434.05
Part contributive de la Ville dans les dépenses des enfants assistés et dans la confection des rôles des patentes......	12.500 «	12.500 «	12.500 «
Subvention métropolitaine.............	188.180 «	188.180 «	188.180 «
Subvention pour le service des transports maritimes........................	182.500 «	150.000 «	150.000 «
Subvention pour un service de transport aux Nouvelles-Hébrides......	30.000 «	30.000 «	30.000 «
Recettes de l'Immigration.............	60.305 «	36.263.35	36.263.35
TOTAUX..........	828.685 «	839.268.19	807.101.44

Recettes pour ordre

	PRÉVISIONS budgétaires	DROITS Constatés	RECOUVRE-MENTS effectués
Part revenant à la ville de Nouméa :			
Sur les patentes........................	25.000 «	27.882.71	22.457,72
Sur les licences........................	25.000 «	31.176.85	28 430.18
Sur les droits d'octroi de mer...........	75.000 «	90.108.28	90.108.28
Part revenant aux Commis. municipales:			
Sur les patentes........................	3.000 «	7.257.71	5.788.98
Sur les licences........................	2.000 «	3.889.10	3.626.58
Sur les droits d'octroi de mer..........	75.000 «	90.108.27	90.108.27
TOTAUX..........	205.000 «	250.422.92	240.520.01

Le total des recettes propres à l'exercice 1887 ou devant lui profiter s'étant élevé à la somme de *deux millions deux cent quatre vingt-six mille cent soixante-six francs, trois centimes*, ...(2.286.166 fr. 03 c.)....... 2.286.166 fr. 03c.

et les dépenses de toute nature à supporter par cet exercice, y compris celles engagées en France pour le compte de la colonie, à la somme de *deux millions cent un mille neuf cent quarante-huit francs, vingt-huit centimes* .... 2.101.948 fr. 28c.

Il en résulte un excédant de *cent quatre - vingt - quatre mille deux cent dix-sept francs, soixante quinze centimes*.............. 184.217 fr. 75c.

revenant au Service Local.

Les municipalités ont perçu en 1887 une somme de *deux cent quarante mille cinq cent vingt francs, un centime* dont *trente cinq mille cinq cent vingt francs, un centime* (35.520,01) en excédant.

En résumé les prévisions budgétaires ont été de... .... 2.135.935 fr. 00

Les droits constatés ont été de.. 2.350.716.57
et les recettes effectuées de........ 2.286.166.03

Il en résulte que les restes à recouvrer s'élèvent à la somme de........................ 64.550.54

soit un excédant de 214.781.57 c. sur les prévisions budgétaires.

Nous aurons donc à verser à la caisse de réserve une somme de 184.217 fr. 75 centimes. Il y a lieu en outre de remarquer que les restes à recouvrer pour les exercices antérieurs à 1887 s'élèvent à 116,034 fr. 43c. sans compter la somme considérable due pour les concessions domaniales et minières.

En présence de ce résultat si différent de celui que nous avons eu à constater pour les deux exercices précédents (1885 et 1886), je ne puis me dispenser de me reporter aux considérations que l'Administration développait dans l'exposé des motifs du budget de 1887.

L'Administration déclarait alors que, sans être

brillante, la situation semblait cependant moins mauvaise que précédemment ; elle disait que le budget de 1887 était préparé comme si la gêne des années précédentes devait persister et si aucune des améliorations que nous étions en droit d'espérer ne devait se réaliser.

Elle terminait en affirmant que toutes les réductions possibles, compatibles avec la marche du service, avaient été opérées et que la plus grande modération ayant été apportée dans les prévisions de recettes, il serait possible de reconstituer la caisse de réserve et de donner une impulsion plus grande aux travaux.

Bien peu des espérances que nous pouvions concevoir alors se sont réalisées et, il faut bien le dire, la colonisation a éprouvé de cruelles déceptions ; néanmoins grâce à cette économie systématique adoptée par le Conseil et l'Administration, grâce à l'extrême modération apportée dans la fixation des prévisions de recettes, grâce à la surveillance rigoureuse et incessante exercée par l'Administration sur l'emploi des crédits vous allez pouvoir reconstituer cette caisse de réserve que je considère comme indispensable.

EXERCICE 1888

Le tableau ci après donne le détail des prévisions budgétaires au point de vue des recettes et des recouvrements effectués à chaque titre au 30 juin.

EXERCICE 1888
(DU 1er JANVIER AU 30 JUIN)

Article 1er	PRÉVISIONS budgétaires	DROITS Constatés	RECOUVREMENTS effectués
Contribution foncière	99.795 »	118.630.82	»
Contribution des patentes	65.000 »	76.067.22	8.317.61
Poids et mesures	1.200 »	»	»
Droit de capitation	»	»	»
TOTAUX	165.995 »	194.698.04	8.317.61

Certains des résultats obtenus doivent être expliqués.

Pour la contribution foncière qui figure dans les prévisions pour une somme de 99.795 fr. et pour laquelle les droits constatés s'élèvent à 118.630 fr. 82c. il n'a encore été réalisé aucune recette; cette situation tient à ce que les rôles n'ont pu être approuvés qu'à la date du 28 mai 1888 et cela en raison du travail considérable nécessité par les délibérations prises en 1887 et en vertu desquelles la base et le taux de l'impôt foncier ont été modifiés.

Les patentes, bien que ne figurant aux recettes que pour une somme de 8.317 fr. 60 c. atteindront certainement les prévisions intérieures dès ce moment de 11.067. 22 centimes aux droits constatés; leur importance ne peut qu'augmenter par suite des rôles supplémentaires qui seront établis jusqu'au 31 décembre prochain.

C'est là un impôt qui comme tous ceux recouvrables sur rôles ne donne que des sommes peu importantes dans les premiers mois de l'année.

La vérification des poids et mesures n'ayant pas encore eu lieu, aucune recette n'a pu être effectuée à ce titre.

ARTICLE 2

EXERCICE 1888.

(Du 1er janvier au 30 juin.)

Art. 2 Contributions. Indirectes	PRÉVISIONS budgétaires	DROITS constatés	Recouvrements EFFECTUÉS
	Fr.	Fr.	Fr.
Droits de phare et de balisage etc.	42.000	25.703.06	23.251.51
Droits d'enregistrement. . . . . , . .	80.000	33.777.05	33.777.05
Produits des Postes	50.000	25.409.72	25.409.72
Produits des Télégraphes	112.000	91.692.50	91.692.50
Droits de consommation sur les liquides	410.000	208.404.36	207.154.37
Taxe spéciale sur les tabacs et opium	166.000	99.725.15	99.434.65
Droits d'emmagasinage. . . . . , . . .	1.500	531.50	531.50
Licences diverses. .	25.450	11.927.49	6.795.20
	916.950	497.170.83	488.046.50

Les droits de phare et de balisage atteindront les prévisions inscrites, la recette mensuelle constatée étant de 4.283 francs, alors que la moyenne prévue n'est que de 3,500 francs.

Les droits d'enregistrement, à moins qu'une amélioration sensible ne se produise, laisseront un déficit marqué : la moyenne mensuelle des droits constatés est de 5.629 fr. 50 c. alors que celle des prévisions est de 6.666 fr. 66 c.

Les produits des postes seront atteints mais sans dépassement important, puisque la moyenne des recettes n'est supérieure pour les six premiers mois que de 439 fr. 72 c. à la moyenne des prévisions.

Les produits des télegraphes donneront aussi selon toutes probabilités un excédant de recettes.

En effet, si des 91.692 fr. 50 c., montant des droits

constatés au 30 juin, on déduit 72.500 fr. montant des subventions encaissées par le Service local, il reste une somme de 19.192 fr. 50 c. représentant le total des recettes pendant les six premiers mois, soit une moyenne de (3.198 fr. 75 c.) supérieure de 540 fr. 84 c. à la moyenne donnée par les prévisions

Les droits de consommation donneront aussi un excédant qui n'atteindra pas celui que nous avons eu à constater en 1887, (31.715 fr. 83 c.) mais cependant assez important puisque sans tenir compte des sommes dues par les diverses administrations pour le 2ᵉ trimestre 7.857 f. 06 c. la moyenne mensuelle des droits constatés est supérieure de 567 fr. 40 c. à celle des prévisions.

Il en sera de même de la taxe spéciale sur les tabacs et opium : des tableaux ci-joints, il ressort en effet que la moyenne mensuelle des droits constatés est de 16.620 fr. 86 c., alors que celle des prévisions est seulement de 13.833 fr. 33 c.

Taxe spéciale sur les tabacs et l'opium

Recettes effectuées du 1er janvier au 30 juin 1888

	PRÉVISIONS budgétaires	DROITS constatés	RECÉTTES effectuées
Janvier	13.833.33	15.018.00	15018.00
Février	13.833.33	15.776.10	15776.10
Mars	13.833.34	14.956.84	14956.84
Avril	13.833.33	16.289.34	16289.34
Mai	13.833.33	21.315.94	21315.94
Juin	13.833.34	16.368.93	16368.93
	83.000.00	99.725.15	99725.15

Les droits d'emmagasinage sont si peu importants qu'il n'y a pas lieu de s'en préoccuper.

Quant aux licences, bien que la moitié des prévisions n'ait pas été réalisée, le déficit qui pourrait se produire sera peu important.

Le taux des licences de même que celui des patentes soulève de nombreuses réclamations, surtout depuis que l'arrêté en date du 23 décembre 1887 interdisant l'entrée des débits aux indigènes, a été promulgué. Il y a en effet, par suite de cet arrêté, une diminution considérable dans la vente des boissons alcooliques.

Il appartient au Conseil général d'examiner si ces réclamations doivent être prises en considération

Article 3.	PRÉVISIONS budgétaires		DROITS constatés		RECOUVREMENTS effectués	
Produit des Domaines......	310.501	»	145.983	42	27.037	62
Mines et forêts.............	10.000	»	47.471	50	47.471	50
Vente d'objets mobiliers...	40.000	»	25.503	76	25.504	66
Recettes en atténuation.....		»	3.210	66	3.210	66
Recettes diverses...........	23.000	»	15.079	63	14.631	84
Rétributions scolaires......	600	»	80	»		»
rais de poursuite pour le recouvrement des Contributions.................	2.000	»		»		»
Part contributive de la ville dans les dépenses des enfants assistés et dans a confection des rôles des patentes...................	12.500	»		»		
Subvention métropolitaine..	188.180	»	100.000	»	100.000	»
Subvention pour le Service des Transports maritimes.	150.000	»		»		»
Subvention pour un Service de transports aux Nouvelles-Hébrides..........	30.000	»		»		»
Recettes de l'immigration,.	55.000	»	24.412	85	24.412	85
Totaux...........	824.681	»	362.342	72	239.269	13

On ne saurait se baser sur les recettes effectuées au titre du Domaine pour se faire une opinion du résultat définitif. Chaque année en effet les versements opérés pendant le premier semestre sont destinés à régulariser les droits constatés pendant le précédent exercice. Cependant les recettes prévues seront difficilement atteintes en raison de la gêne dans laquelle vont se trouver les éleveurs par suite de la baisse énorme survenue dans le prix du bétail, à la suite de l'adjudication de la fourniture de la viande nécessaire aux différents Services de la colonie.

Les mines et forêts donnent dès maintenant un excédant de recettes de 25.623 fr. 00 c., si l'on tient compte d'une somme de 11,848,50 provenant de doubles versements effectués pour les mêmes terrains miniers.

Les ventes d'objets mobiliers atteindront et dépasseront même les prévisions. En effet, conformément aux décisions du Conseil général le matériel du pilotage a été vendu aux pilotes constitués en syndicat pour la somme de 18.000 francs qui doit profiter en entier à l'Exercice 1888.

Le matériel de l'imprimerie du gouvernement a été adjugé pour la somme de 21.000 fr., les matières consommables pour celle de 5.421 fr. 18 c. — La vente de la *Gazelle* a produit 3.176 fr. 25 c.

Quant à la vente des diverses matières existant au magasin du Service local dont le Conseil a prescrit la liquidation elle a produit une somme de 2.906 fr 33c. sans tenir compte des nombreuses cessions qui ont été faites aux divers Services dans l'intérêt des finances locales.

Nous sommes en pourparlers avec l'Administration pénitentiaire pour la cession de la plus grande partie du matériel qui reste ; le service des Ponts et Chaussées s'est constitué aussi un approvisionnement d'une certaine importance.

L'Administration ne pouvait procéder autrement sans faire subir au Service local une perte considérable ; les objets vendus étaient cotés pour une valeur de 20,000 francs environ et la vente a produit la somme de 2,906 fr. 33.

Au moyen des cessions consenties le résultat sera tout autre.

Il y a donc au titre (*ventes d'objets mobiliers*) une recette certaine de 50.503 fr. 76 c. soit un excédant de 10.503 fr. 76 c.

Les recettes diverses donneront aussi un excédant.

Il n'y a pas lieu de s'arrêter aux rétributions scolaires, cette prévision ne pouvant avoir aucune influence sur l'ensemble du budget.

La part contributive de la ville dans les dépenses des enfants assistés sera versée lorsque le Service local en fera la demande.

Mais le budget subira une perte de 48.180 francs par suite d'une diminution de même somme dans la subvention accordée précédemment par la Métropole.

Rien à dire de la subvention pour le service des Transports maritimes qui sera encaissée au fur et à mesure des besoins du Service local.

Il en sera de même de la somme de 30.000 francs accordée par le Département pour le courrier des Nouvelles Hébrides.

Quant aux prévisions de l'Immigration elles ne sauraient avoir aucune influence puisque toutes les recettes ont des dépenses correspondantes.

RECETTES POUR ORDRE :	Prévisions budgétaires	Droits constatés	recouvrements effectués
Part revenant à la Ville de Nouméa sur la Contribution des patentes......	25.000.00	26.155.50	3.787.85
Sur les licences.......	25.000.00	13.591.67	9.028.74
Sur l'octroi de mer....	75.000 00	45.850.40	44.392.86
Part revenant aux Commissions municipales :			
Sur les patentes.......	3.000.00	6.341.70	326.84
Sur les licences........	2.000.00	1.642.59	1.171.05
Sur l'octroi de mer.....	75.000.00	45.850.40	44.392.86
TOTAUX........	205.000.00	139.432.26	103.100.20

Tout permet d'espérer une plus value importante sur les droits d'octroi de mer, puisque la moyenne mensuelle des recettes est de 7,642 fr. 40 alors que celle des prévisions est de 6,250 francs.

Il en sera de même de la part revenant aux municipalités sur les patentes et les licences.

La caisse de réserve présente comme précédemment un avoir de 4,054 fr. 87, mais elle s'augmentera non seulement de l'excédent de 1887, mais encore d'une somme de 53,105 fr. 34 restant disponible sur les exercices 1885 et 1886 et qui sera versée dès que les comptes de ces deux années auront été approuvés.

Exercice 1889

Malgré le résultat si satisfaisant obtenu pour l'exercice 1887 et la première partie de 1888, malgré le versement certain d'une somme de 237,323 fr. 09 à la caisse de réserve, l'économie la plus rigoureuse a été apportée dans la préparation du budget de 1889; cette économie s'impose, car si plusieurs paragraphes ont donné des excédants considérables, d'autres au contraire laisseront un déficit certain.

C'est ainsi que la subvention métropolitaine qui jusqu'à ce jour figurait aux recettes pour une somme de 188.180 fr., ne s'élève plus qu'à 140.000 fr. ainsi qu'il résulte des propositions de la commission du budget et des délégations de crédit arrivées dans la colonie. — Cette réduction de 48.180 fr. portera non seulement sur l'exercice 1889, mais encore sur l'exercice 1888, dont elle rompt d'autant plus l'équilibre que des crédits supplémentaires sans recettes correspondantes et s'élevant à la somme de 102.130 fr., ont été votés à la session de mai ou ouverts par arrêtés du Gouverneur pris en Conseil privé.

Ces crédits sont les suivants :

CHAPITRE 2. — *Dépenses d'Administration*

1° 2,000 francs pour supplément de fonctions au Chef du Service des affaires indigènes ;
2° 1,200 francs pour location du bureau du Receveur-Curateur ;
3° 3,000 francs pour secours permanents.

CHAPITRE 3. — *Travaux Publics*

1° 9,800 francs pour la construction d'un bureau télégraphique à Tonho;

2° 24,000 francs pour la création de deux garde-mines supplémentaires et d'un dessinateur;

3° 20,000 francs pour la création de deux emplois de géomètres.

CHAPITRE 4. — *Dépenses diverses*

1° 40,000 francs pour la destruction des sauterelles;

2° 330 francs pour la construction d'une prise d'eau à l'Orphelinat ;

3° 600 francs pour le médecin chargé de visiter les fonctionnaires du Service local ,

4° 1,000 francs pour analyse des liquides ;

4° 200 francs pour subvention à l'Exposition permanente des colonies.

Il y aura lieu aussi de tenir compte de la situation si difficile faite aux éleveurs par le contrat passé pour la fourniture de la viande nécessaire aux divers services adjugée au prix de 0fr.36c. le kilogramme: cette situation inconnue au moment où le budget a été préparé aura une influence considérable sur les rentrées au titre du Domaine, influence d'autant plus grande que divers propriétaires représentant une surface de 22.052 hectares arrivent à la période où il faut payer 4 fr. par hectare et par an.

Le budget de 1889 est arrêté en recettes et dépenses à la somme de 2.146.247 fr. 71 alors que celui de 1888 arrêté tout d'abord à la somme de 2.109.626 fr., soit un excédant s'élevant à la somme de 36.621 fr. 71 pour l'exercice 1889 arrive par suite des crédits supplémentaires dont il est question ci-dessus à un total de dépenses de 2.211,756 francs, soit une différence en moins pour 1889 de 65.378 fr. 29.

Si de ces chiffres on déduit les recettes pour ordre opérées au profit des communes, soit :

Exercice 1888 : 205.000 fr.
Exercice 1889 : 222.000 fr.

Il reste pour les recettes propres au Service local :

Budget de 1888 : 1.904.626 fr.
Budget de 1889 : 1.924.247 fr. 71

Différence en plus pour 1889 : 19,621 fr. 71.

Je vais passer à l'énumération des divers paragraphes qui constituent le budget des recettes et des dépenses en formulant les observations que l'Administration croit devoir soumettre au Conseil.

Recettes ordinaires

CONTRIBUTIONS DIRECTES

1° *Contribution foncière.*

Prévisions pour 1888..........   99.795 fr.
Prévisions pour 1889..........   109.000 fr.

Différence en plus............   9.205 fr.
provenant des droits constatés sur les rôles établis.

2° *Contribution des patentes*

Prévisions pour 1888 ....   65.000 fr.
Prévisions pour 18889..........   75.000 fr.

Différence en plus.............   10.000 fr.

provenant des droits constatés sur les rôles établis.

La perception des patentes a donné lieu depuis quelque temps à de nombreuses réclamations de la part des intéressés, surtout depuis les modifications qui ont été apportées l'année dernière aux tarifs en vigueur; celles concernant la somme fixée pour les colporteurs(210f.)ont été unanimes et l'Administration estime qu'un nouvel examen de la question serait nécessaire. On peut dire aussi d'une manière générale que la contribution des patentes au point de vue de la classification ne repose sur aucune base déterminée et qu'il est impossible à l'Administration d'opposer une bonne raison quelconque aux réclamations qui lui sont adressées.

La commission qui me semble devoir être nommée pour examiner si les modifications introduites l'année dernière doivent être maintenues pourrait rechercher si quelque base pourrait être adoptée pour ce classement des patentes.

3° *Droits de vérification des poids et mesures.*

Prévisions pour 1888............... 1 200 fr.
Prévisions pour 1889............... 1.200 fr.
Sans observation.

4° *Droit de capitation*

Prévisions pour 1888....... Pour mémoire.
Prévisions pour 1889......... d°

A la session extraordinaire du mois d'octobre 1886 le Conseil général avait voté le principe de l'impôt de capitation et l'Administration avait fait toutes les démarches nécessaires pour obtenir de la Métropole le décret indispensable pour mettre à exécution la délibération du Conseil général; mais après avoir demandé un projet de décret le Département a, par dépêche en date du 26 janvier 1888, fait connaître que le moment ne lui semblait pas venu de prendre cette mesure et que par suite il ne rendait pas définitive la délibération du Conseil.

Mais celui-ci ayant, à la session ordinaire du mois de mai dernier, émis le vœu à l'unanimité que cet impôt de capitatation fut appliqué, j'ai pensé qu'il y avait lieu de maintenir " pour mémoire " cette prévision au budget de 1889.

ARTICLE 2.

Contributions indirectes.

Droits de phare, de balisage, etc, etc.
Prévisions pour 1888............ 42,000,»»
Prévisions pour 1889 .... 41,300,»»
soit une différence en moins de...... 700,»»
provenant d'une diminution dans les prévisions concernant les droits de francisation.

Droits d'enregistrement, de greffe, hypothèques, amendes, etc, etc.
Prévisions pour 1888............ 80,000,»»
Prévisions pour 1889............ 81,100,»»
différence en plus................... 1,100,»»

Celle-ci provient d'une augmentation de 1,000 francs dans la prévision concernant les amendes et de 100 francs dans celle concernant les droits de greffe ; ces augmentations sont justifiées par les recettes effectuées en 1887.

Produits des postes.

Prévisions pour 1888............	50,000,» »
Prévisions pour 1889............	53,000,» »
différence en plus................	3,000,» »

justifiée par les recettes effectuées en 1887.

Produits des télégraphes

Prévisions pour 1888............	142,000,» »
Prévisions pour 1889............	146,605,» »
différence en plus...............	4,605,» »

Cette augmentation est justifiée par les recettes effectuées pour télégrammes privés.

Droits de consommation sur les liquides

Prévisions pour 1888............	410,000.» »
Prévisions pour 1889............	430,000,» »
différence en plus................	20,000,» »

Cette augmentation est justifiée par les recettes effectuées en 1887, soit : 461,715.83 et pendant les six premiers mois de l'année, soit : 207,154,37.

Taxe spéciale sur les tabacs

Taxe spéciale sur les tabacs étrangers

Prévisions pour 1888............	160,000,» »
Prévisions pour 1889............	160,000,» »

Sans changement.

Taxe spéciale sur les tabacs de production locale.

Prévisions pour 1888............	»
Prévisions pour 1889............	28,000,» »
Différence en plus...............	28,000,» »

Jusqu'à ce jour on s'était contenté de porter aux dépenses et sous le titre " encouragement à l'agriculture" un crédit destiné à payer aux producteurs la prime accordée par les arrêtés en vigueur ; mais afin de rendre le budget plus correct il a paru bon de prévoir la recette correspondante.

Cette question de la prime accordée au tabac de production locale mérite d'attirer tout particulièrement l'attention du Conseil général, mais je crois devoir réserver cette discussion pour le moment où aura lieu l'examen de la dépense que cette somme impose au budget.

Taxe sur l'opium

Prévisions pour 1888............   6,000,» »
Prévisions pour 1889. ....   4,000,» ʏ
Différence en moins..,..........   2,000,» »

qu'il y a lieu de prévoir par suite du départ de la presque totalité des chinois engagés par la société " le Nickel ".

Droits d'emmagasinage.

Prévisions pour 1888.............   1,500,» »
Prévisions pour 1889.............   1,000,» »
Différence en moins.............   500,» »

basée sur les recettes effectuées pendant le dernier exercice.

Licences diverses

Prévisions pour 1888.... .....   25,450,» »
Prévisions pour 1889...........   25,450,» »
Sans changement.

Je ne puis que rappeler ici que le taux élevé des licences est l'objet de mombreuses réclamations et qu'à mon avis il y a lieu de réviser le tarif des licences comme celles des patentes.

DIVERS PRODUITS ET REVENUS

Produits des Domaines

Prévisions pour 1888............... 310,501,» »
Prévision pour 1889............... 345,000,» »

En plus..................... 34,,499,» »

Cette prévision était établie lorsqu'a eu lieu l'adjudication de la fourniture de viande dans les conditions que l'on connait; elle est basée sur les droits du service Local constatés par les actes de vente et de location dont les termes viennent à échéance en 1889.

Cette augmentation est due particulièrement à ce que 54 concessions représentant une surface de 22,052 hectares entrent dans la période pendant laquelle, conformément aux dispositions de l'article 48 de l'arrêté du 11 mai 1880, il est payé une somme de 4 francs par hectare et par an. Elle est due aussi à ce que, conformément aux dispositions de l'arrêté récent en date du 4 juillet 1888, les produits des ventes et locations qui profitaient l'année dernière au budget de l'Etat seront encaissés à l'avenir par le Service local, conformément aux instructions du Département contenues dans la dépêche en date du 25 octobre 1887. Mais la nouvelle situation faite aux éleveurs amènera fatalement un déficit considérable dans les recettes prévues à ce paragraphe.

Il y a lieu de signaler les « successions en déshérence » qui forment une prévision nouvelle au budget de cette année.

Mines et forêts

Prévisions pour 1888............... 10,000 fr.
Prévisions pour 1889............... 10,000 fr.
Sans changement.

On pourrait s'étonner, alors que les recettes faites pendant les six premiers mois de 1888 ont produit plus de 35,000 fr. de voir l'administration ne prévoir que 10,000 fr. pour l'exercice 1889 ; mais ces recettes élevées sont le résultat d'une situation exceptionnelle et pour ne pas s'exposer à des mécomptes il est prudent de ne rien changer aux prévisions actuelles.

Prix de vente d'objets remis au Domaine.

Prévisions pour 1888.... .... 40,000 fr.
Prévisions pour 1889.... .... 500 fr.

En moins.................... 39,500 fr.

Les prévisions exceptionnelles de 1888 tenaient à la vente du matériel du pilotage, de l'imprimerie du gouvernement, de la *Gazelle* et à la liquidation du magasin.

Recettes diverses

Prévisions pour 1888.............. 23,000 fr.
Prévisions pour 1889............. 26.500 fr.
Différence en plus............. 3,500 fr.

provenant d'une augmentation de 500 fr. sur les droits sur les mandats d'articles d'argent et de 3,000 pour frais de perception de l'octroi de mer.

Rétributions scolaires

Prévisions pour 1888............... 500 fr.
Prévisions pour 1889.:............. 250 fr.
Différence en moins............. 250 fr.

basée sur le nombre d'élèves présents au collège.

Frais de poursuite pour le recouvrement des contributions directes.

Prévisions pour 1888............... 2,000 fr.
Prévisions pour 1889............. 2,000 fr.
Sans changement.

Part contributive de la ville dans les dépenses d·s enfants assistés et dans la confection des rôles des patentes.

Prévisions pour 1888............. 12,500 fr.
Prévisions pour 1889.............. 12,500 fr.
Sans changement.

Subvention métropolitaine

Prévisions pour 1888............... 188,180 fr.
Prévisions pour 1889............... 140,000 fr.
Différence en moins............... 48,180 fr.

provenant de la diminution de pareille somme dans la subvention accordée par le Département.

Subvention pour le service des transports maritimes.

Prévisions pour 1888............... 150,000 fr.
Prévisions pour 1889............... 150,000 fr.
Sans changement.

Subvention pour un service régulier entre la Nouvelle-Calédonie et les Nouvelles-Hébrides.

Prévisions pour 1888............... 30,000 fr.
Prévisions pour 1889............... 30,000 fr.
Sans changement.

Au courant de sa session d'août' le Conseil général avait décidé que la subvention de 30,000 fr. serait continuée jusqu'au mois de juillet 1888 et qu'elle serait supprimée, à partir de cette époque, si des modifications jugées nécessaires n'étaient pas apportées dans l'itinéraire suivi par ce service.

Le Département n'ayant pas fait connaître à la colonie la suite qu'il comptait donner au vœu du Conseil général, le Service local n'a payé que les six premiers voyages faits en 1888 entre Nouméa et les Nouvelles-Hébrides.

Le service régulier continue et l'Administration a pensé qu'il y avait lieu de prévoir le même crédit qu'en 1888, sauf au Conseil à en décider autrement.

Recettes de l'Immigration

Prévisions pour 1888............... 55,000 fr.
Prévisions pour 1889............... 50,000 fr.
Différence en moins............... 5,000 fr.

provenant de la diminution chaque jour croissante dans le nombre des immigrants.

Recettes pour ordre

Prévisions pour 1888............... 205,000 fr.
Prévisions pour 1889............... 222,000 fr.
Différence en plus.. ... ... 17,000 fr.
résultant des recettes effectuées en 1887 et 1888.

En résumé, le budget des recettes ordinaires du Service local pour 1889, s'élève à la somme de 1.924.247 71 et celui des recettes pour ordre à la somme de 222.000, alors que pour l'exercice 1888 ce budget s'élève à 1.904.626 pour les recettes ordinaires et à 205.000 pour les recettes pour ordre, soit un excédent total de 36.521,71 c. en faveur de 1889.

DÉPENSES ORDINAIRES

Il a paru à l'Administration que certaines modifications pouvaient être apportées dans la préparation matérielle du budget qui, tout en rendant la lecture de ce document plus facile, en rendraient aussi l'impression plus économique. C'est ainsi que les colonnes ont été réduites au nombre de cinq et que le classement des dépenses en obligatoires et facultatives a été fait avec le plus grand soin.

Les anciens budgets faisaient des distinctions insuffisantes entre le traitement et les indemnités, il y a été remédié.

CHAPITRE 1er

Dettes exigibles.

Prévisions pour 1888....... 180.998 fr. 78
Prévisions pour 1889........ 207.798 fr. 78
Différence en plus...... 26.800 fr. »»

formée par l'imputation à ce chapitre d'une pareille somme à verser au trésor en remplacement de la retenue de 3 o/o au profit de la caisse des invalides de la marine. Cette somme figurait au chapitre IV, article 3 du budget de 1888.

La question de la dette de la colonie vis-à-vis de la Métropole a été réglée définitivement par la dépêche en date du 7 novembre 1887; les offres de la colonie ont été acceptées et elle devra porter chaque année à son budget une somme de 100.000 francs jusqu'à parfait paiement.

La dette s'élevait à une somme totale de 481.399 34 sur laquelle 100.000 francs seront versés sur l'exercice 1888.

CHAPITRE II

Dépenses d'administration.

Art. 1er. — Gouvernement, Conseil privé, Conseil général.

1° *Secrétariat du Gouvernement et du Conseil privé.*

Prévisions pour 1888. . . . . .   33.538 fr. 55
Prévisions pour 1889. . . . . . .   41.538 fr. 55
Différence en plus. . . . . . .   8.000 fr. »»

provenant de l'imputation à cet article d'une somme égale qui figurait dans les budgets précédents au § Police, à titre de fonds secrets mis à la disposition du Gouverneur.

2° *Service du Conseil Général*

Prévisions pour 1888. . . . .   6,885 fr. 05
Prévisions pour 1889. . . . .   6,885 fr. 05
Sans changement.

ARTICLE 2. — SERVICES ADMINISTRATIFS

§ 1er *Direction de l'Intérieur.*

Prévisions pour 1888. . . . .   108,987 fr. 75
Prévisions pour 1889. . . . .   104,827 fr. 75
Différence en moins. . . . . . .   4,160 fr. 00

Cette différence provient :

1° De l'imputation aux dépenses de l'immigration d'une somme de 2,720 francs représentant la solde et le supplément local d'un écrivain détaché à ce service.

2° D'une diminution de 1,440 francs dans le total des prévisions de 1888 pour le supplément local. — Par suite d'un arrêté en date du 24 avril 1888, qui met les gérants de caisse sous la direction immédiate de M. le Trésorier, le travail considérable qui incombe au personnel restreint de la Direction de l'Intérieur s'est trouvé un peu diminué; néanmoins il ne suffit qu'à grand peine à toutes les obligations auxquelles il est obligé de faire face et cela se comprend.

En effet lorsque la réduction de ce personnel a été faite en 1886, d'un commun accord entre le Conseil général et l'Administration, le Service du Domaine semblait devoir disparaître de la Direction de l'Intérieur et former un bureau spécial. Il n'en a rien été et deux employés sont affectés à l'étude des diverses questions que soulève le Domaine.

J'ajouterai que le Département lui-même a supprimé un commis de 1re classe demandé par la colonie et qui nous serait bien nécessaire.

§ 2. *Arrondissements.*

Prévisions pour 1888............ 9,070 fr. 00
Prévisions pour 1889............ 9,070 fr. 00
Sans changement.

§ 3. *Affaires indigènes. — Immigration.*

Prévisions pour 1888..... .... . 59,358 fr. »»
Prévisions pour 1889........... 59,713 fr. 05

Différence en plus.......... 355 fr. 05

Cette différence provient de :

1° Une prévision nouvelle de 1,200 fr. pour frais de nourriture et d'entretien des canaques internés.............. 1,200 fr. »»

2° Imputation de la solde d'un écrivain.......................... 2,720 fr. »»

3° La prévision nouvelle pour un 3e garde indigène..................... 885 fr. 05

ET DE :

1° La diminution de 1,440 francs sur les frais d'hospitalisation et de vivres, 1,440 fr. »»

2° La diminution de 950 francs au § cadeaux et frais de déplacement aux chefs indigènes..... ....   950 fr. »»

3° La diminution de 60 francs sur la solde du Commissaire de l'immigration portée au chiffre net...........   60 fr. »»

4° Diminution de 2,000 francs sur les dépenses diverses...................   2,000 fr. »»

§ 4. *Police*

Prévisions pour 1888..........   134,072 fr. 15
Prévisions pour 1889..........   124,822 fr. 15

Différence en moins........   9,250 fr. »»

provenant :

1° Du passage à l'article 1er des 8,000 francs accordés au Chef de la colonie comme fonds secrets.   8,000 fr. »»

2° D'une diminution de 600 francs dans la somme prévue pour paiement de l'indemnité de literie à la gendarmerie.   600 fr. »»

3° De la suppression d'une somme de 650 francs inscrite pour indemnité de vivres aux gendarmeries de Thio et Tomo. ....·............   650 fr. »»

ARTICLE 3. — SERVICES FINANCIERS

Prévisions pour 1888............   44,136 fr. 25
Prévisions pour 1889............   41,447 fr. 25

Différence en moins.........   2,689 fr. »»

Cette différence provient:

1° Des diminutions ci-après : 136 fr. sur les remises allouées au Trésorier, soit   136 fr. »»

85 francs sur les remises pour mandats de poste....................   85 fr. »»

425 francs pour la confection des matrices, ci...................   425 fr .»»

2,910 francs pour abonnement à l'avocat de l'administration...........   2,910 fr. »»

373 francs sur les remises pour timbres-poste.......................   373 fr. »»

275 francs pour frais d'installation
d'un gérant de caisse............... 275 fr. » »
2° Des augmentations ci-après :
1,015 fr. pour le transport des fonds. 1,015 fr. » »
500 fr. pour dégrèvement de droits
indûment perçus................. .. 500 fr. » »

Enregistrement et Domaines

Prévisions pour 1888............. 24,975 fr. 25
Prévisions pour 1889............. 24,335 fr. 75
        Différence en moins......... 639 fr. » »
provenant d'une augmentation de 992 fr. 50 dans la
solde du Receveur des Domaines..... 992 fr. 50

D'une diminution de 677 francs dans les remises
à allouer au Receveur et enfin d'une diminution de
955 francs dans les frais de mobilier et d'imprimés.

Je dois faire connaître à cette occasion au Conseil
que, par arrêté en date du 9 Juillet 1888, le Receveur de l'Enregistrement a été chargé de la Curatelle
aux successions vacantes en remplacement du Receveur du Domaine dont le service était trop surchargé.

Postes et Télégraphes

Prévisions pour 1888.. 488,724,80
Prévisions pour 1889............. 489,332,60
Différence en plus............... 607,80
Celle-ci provient des augmentations et diminutions
suivantes :
1° augmentation de 197 fr. sur la solde d'un fac-
teur porté de la 2° à la 1re classe, ci...... 197 fr.
de 48 f. 50 en faveur du préposé des postes à
Tômo, ci....................... 48,50
de 400 fr. pour les frais de transit dus aux différents
offices étrangers...................... 400 fr.
de 514 fr. au titre des salaires et vivres aux indigènes........................... 514 fr.
de 591 fr. pour un commis métropolitain porté de la
3° classe à la seconde .... 591 fr.

de 1,963 fr. pour l'avancement de plusieurs employés coloniaux...................... 1,963 fr.
de 230,40 c. dans la solde de l'agent spécial. 230,40
de 98,30 c. pour avancement d'un surveillant de la
2ᵉ à la 1ʳᵉ classe.....:'........... 98,30
de 300 fr. pour remises aux agents chargés des
recettes..................... 300 fr.
de 150 fr. pour indemnité de logement à un surveillant...................... 150 fr.
2° Diminution de :
3,107,80 c. sur le crédit prévu pour assurer le service
de la malle-poste entre Nouméa et Bouloupari ; cette
économie provient de ce que l'adjudication à laquelle
il a été procédé a donné des résultats très avantageux,
ci................................ 3,107,80
de 412 fr. sur les prévisions inscrites pour assurer le
courrier à cheval entre Bouloupari et Bourail. 412 fr.
de 375 fr. pour frais d'installation d'un bureau de
poste à Port-Villa.................. 275 fr.
de 69,60c. sur la solde du surveillant chef. 69,60
de 20 fr. provenant d'une erreur matérielle dans
le budget de 1888... .... 20 fr.

Contributions indirectes et poids et mesures.
Prévisions pour 1888........... 45,594,90
Prévisions pour 1889........... 45,158,40

Différence en moins............ 436,50
causée par une diminution de 197 fr. dans la solde
des commis en fonctions................ 197 fr.
de 48,50 c. sur les prévisions inscrites pour l'entretien du mobilier des bureaux........... 48,50
de 191 fr. sur la somme prévue pour l'entretien du
matériel...................... 191 fr.
Ces deux dernières diminutions sont basées sur
les dépenses faites en 1887.

ARTICLE 4. — DIVERS SERVICES

§ 1ᵉʳ *Justice*

Prévisions pour 1888........... 41,623,25
Prévisions pour 1889........... 43,093,30

Différence en plus................ 1,470,05

Cette différence résulte,

1° des augmentations ci-après :

384 fr. pour frais de bureau et menues dépenses des
tribunaux..................   384. ««

194 fr. pour les bibliothèques des justices de paix
de Canala et de Ouégoa ....   194 ««

116 fr. 40 pour les frais de bureau des juges de
paix... ....   116 40

194 fr. pour frais de service et de bureau des greffiers
des juges de paix...........   194 »»

900 fr. pour location du prétoire de la justice de paix
de Bourail................   900 »»

2° Et des diminutions ci-après :

291 fr. dans les prévisions pour le mobilier des tribunaux......................   291 »»

27 fr. 35 dans les salaires des jardiniers portés au
chiffre net..... ....   27 35

Cultes

Prévisions pour 1888.....   1.940 fr.
Prévisions pour 1889.....   1.940 fr.
Sans changement.

Instruction publique

Prévisions pour 1888.....   22.725.55
Prévisions pour 1889.....   19.710.55

Différence en moins.......   3.015.»»

provenant des diminutions ci-après :

1.478 fr. dans la solde réunie du professeur d'anglais
et du maître d'étude, la même personne étant char-
gée des deux fonctions..........   1478 »»

97 fr. dans le montant des fournitures de bureau allouées au principal du collège.....   97 »»

570 fr. dans la prévision pour achat de livres et matériel pour le cabinet de physique.   570 »»

870 fr. sur l'entretien du matériel et du mobilier.......... ....   870 »»

L'Administration n'a rien voulu changer aux prévisions de 1888

Bourses et subventions

Prévisions pour 1888.....   4.179 50
Prévisions pour 1889.....   4.179 50
Sans changement.

Ecoles indigènes

Prévisions pour 1888..... 22.412 25
Prévisions pour 1889..... 22.412 25

Sans changement.

Prison

Prévisions pour 1888.....   33.2o3 75
Prévisions pour 1889.....   29.539 75
Différence en moins......   3.664 ««

provenant d'une augmentation de 582 francs dans la solde du gardien-chef, ci : .....   582 ««
d'une diminution de 45 fr. dans les prévisions pour l'habillement et le couchage des détenus, ci : 455 ««
de 1oo fr. pour fourniture de matériel, savon, bois de chauffage............   1oo ««
de 3.4oo fr. sur les dépenses diverses, ci : 3.4oo ««
de 291 fr. sur les salaires des détenus travaillant.... ....   291 ««

Toutes ces diminutions ne proviennent pas de ce que l'effectif de la prison diminue, car malheureusement c'est le résultat contraire qui est constaté. Mais l'année dernière au moment où le budget a été établi il était question d'interner à la prison civile les libérés de la 2e section qui actuellement subissent leur peine dans les prisons de l'Administration pénitentiaire et ce nombre paraissait devoir être assez élevé.

Les prévisions furent faites en conséquence et se sont trouvées trop fortes, puisque la prison n'a reçu de l'administration pénitentiaire que 4 libérés appartenant à la 2ᵉ section.

---

§ 5. — *Assistance publique*

Service sanitaire. — Aliénés. — Lazaret.

Orphelinats

Prévisions pour 1888.....	99.425	08
Prévisions pour 1889.....	99.533	08
Différence en plus.......	108	««

provenant de l'augmentation de 108 fr. pour assurer l'entretien de la fille Bordat en France conformément aux instructions contenues dans la dépêche en date du 10 avril 1888, nᵒ 206......   108 ««
de 2.000 fr. sur les prévisions pour frais d'hospitalisation. . ...   2.000 ««
et d'une diminution de 2.000 fr. pour secours de vivres.....................   2.000 ««

Toutes ces modifications sont appuyées sur les résultats donnés pour l'exercice 1887.

Quarantaine et surveillance du bétail

Prévisions pour 1888.....	6.019	20
Prévisions pour 1889.....	6.019	20
Sans changement.		

ARTICLE 5

Frais d'hospitalisation

Prévisions pour 1888.....	10.000
Prévisions pour 1889.....	4.500
Différence en moins......	5.500

justifiée par les dépenses faites en 1887.

CHAPITRE 3. — *Travaux publics*

§ 1er. — *Ponts et Chaussées*

Prévisions pour 1888..... 285.522 71
Prévisions pour 1889..... 277.844 ««
Différence en moins.....   7.678 71

provenant 1° de la prévision aux dépenses du personnel du traitement d'un conducteur de 3° classe et d'un piqueur de 1re classe qui jusqu'à ce jour étaient payés sur le matériel, soit...... 11.439 fr. 45
et 2° de 1,370 fr. pour augmentation de quelques traitements par suite d'avancements éventuels et rectifications dans la solde du dessinateur et du commis comptable ci........... 1370 fr ««

3° D'une diminution de 20,488 fr. 16 dans les prévisions des travaux, matériel et dépenses diverses.

Je crois devoir entrer dans quelques détails au sujet des crédits prévus aux divers § formant le Service des Ponts et chaussées.

Tout d'abord je dois dire que le personnel indiqué est indispensable et qu'il m'a paru préférable de le faire figurer au titre « Personnel » au lieu de voir la solde de quelques fonctionnaires supportée par le matériel : les frais de service ont également été répartis de manière à bien faire ressortir la solde totale à laquelle chacun a droit.

Les indications contenues dans la colonne « observations» font ressortir pour les travaux d'entretien les dépenses obligatoires et celles facultatives ; il y a lieu de remarquer aussi que les prévisions sont faites par groupes de bâtiments et non en bloc. De cette manière on peut se rendre un compte exact des sommes demandées sans cependant gêner l'Administration qui au cours de l'exercice peut faire face aux travaux urgents au moyen de l'ensemble du crédit prévu par paragraphe.

Le crédit pour l'hôtel du gouvernement qui d'ordinaire est de 6,000 francs a été porté cette année à 10.000 francs : cette augmentation est nécessitée par le mauvais état dans lequel se trouvent la toiture des bureaux du gouvernement, la buanderie et les logements de domestiques ainsi que du délabrement des dépendances du pied à terre de l'Anse Vata.

Le crédit demandé pour les hôtels des administrateurs sont indispensables pour mettre les bâtiments en état ; ceux prévus pour les hôtels des Chefs d'administration, pour les bureaux des Postes et Télégraphes, les gendarmeries et les autres bâtiments du Service local sont destinés à assurer les réparations courantes.

Les crédits demandés pour les routes et voies de communication, en dehors des deux sommes, l'une de 15.000 francs et l'autre de 1,319 fr. 20 c. sont destinés à assurer la circulation dans de bonnes conditions. Une somme de 15.000 francs est destinée à des réparations indispensables aux fondations du quai terminé en 1878 ; ce travail est urgent dans l'intérêt de la conservation du quai. Grâce à ces réparations et au dragage qui s'effectue en ce moment, les opérations de chargement et de déchargement se feront sans aucune difficulté.

La somme de 1,319 francs 2o c. est destinée à des études de route : celle prévue en 188o pour l'étude de la route de la rive gauche de La Foa n'a pu être employée, faute de personnel. Si cette étude est à nouveau prévue pour 1889 le crédit devra être augmenté.

J'ai inscrit 50.ooo francs pour la [continuation du quai : cette prévision représente la somme qui peut être utilement employée dans une année sur ce chantier.

Comme chacun a pu le voir, le prolongement du quai est terminé et raccordé avec la portion construite en 1878 ; il ne reste plus qu'à remblayer la partie de la mer qui se trouve derrière le mur ; mais ce travail ne pourra être effectué qu'après la construction des fondations de la partie du quai en retour sur la rue Marignan.

On constitue en ce moment les approvisionnements de matériaux pour 1889.

En ce qui concerne les autres travaux demandés j'insisterai tout particulièrement sur la cuisine de la gendarmerie à Nouméa, les améliorations à la caserne de la gendarmerie à Bouloupari et le bureau télégraphique de Koné : cette localité prend chaque jour de l'importance soit par l'envoi de colons, soit par le développement de l'établissement pénitentiaire de Pouembout et une construction durable devient indispensable.

Je pense aussi que le monument préparé pour être élevé à la mémoire du colonel Gally-Passebosc tué par les indigènes au début de l'insurrection de 1878 doit être mis en place cette année : nous témoignerons ainsi de nos regrets pour l'officier brillant mort pour la colonie et de notre sympathie pour le corps auquel il appartenait.

---

§ *Service topographique*

Prévisions pour 1888......	54.327 » »
Prévisions pour 1889......	54.941 « «
Différence en plus	614 « «

provenant de la création du nouveau cadre.

---

§ *Mines*

Prévisions pour 1888......	31.760 « «
Prévisions pour 1889......	31.876 « «
Différence en plus........	116 · »

résultant de la création du nouveau cadre.

Art. 2. — *Ports, sémaphore et phare*
§ 1er Ports

Prévisions pour 1888...·..	4o326 85
Prévisions pour 1889.....	42.336.75
Différence en plus........	2.009 90

Savoir :

Augmentation de 60 francs pour la fixation de la solde du capitaine de port ci......... 60 « «

De 2.222 fr. pour la solde et les vivres de quatre canotiers indigènes....... 2.222 « «

Ces quatre canotiers ont été supprimés l'année dernière par le Conseil général et par suite le port n'a pu assurer ni le service du Lazaret ni celui de l'île aux Chèvres sur laquelle le service des Ponts et chaussées a un chantier composé de 28 hommes qu'il faut ravitailler tous les trois jours.

Il est résulté de ce fait une dépense de 2.280 fr. supérieure à la solde et aux vivres des 4 canaques supprimés et qui rétablis assureront le service dans de bonnes conditions.

De 600 fr. pour entretien et réparation du matériel................ 600 ««

De 116 fr. 40 pour habillement des quatre canotiers en augmentation........ 116 40

De 6,000 fr. pour subvention aux pilotes pour le balisage........... 6,000 ««

Cette somme figurait au précédent budget au chapitre 4 § 6.

Diminution de : 3.940 fr. représentant la solde du lieutenant de port de 1re classe non prévue au budget de 1889............... 3.940 ««

L'administration est d'accord avec le Conseil général sur la suppression de ce poste : un capitaine de port et un maître de port sont suffisants pour assurer le service.

De 3,000 dans la somme allouée pour les travaux des ports et rades................ 3,000.

Cette diminution peut être effectuée par suite de la prevision d'un crédit de 15,000 destiné à faire face aux réparations nécessaires au quai et qui figure au service des Ponts et chaussées.

De 48 fr. 50 dans la prévision de 1888 pour l'entretien du mobilier de bureau.

Sémaphore

Prévisions pour 1888............ 5.557 fr. 75
Prévisions pour 1889............ 4.219 fr. 89

Différence en moins........... 1.337 fr. 86

Cette différence est due aux diminutions ci-après :

De 233 fr. 86 dans la somme allouée au personnel pour indemnité de vivres ci.......... 233 fr. 86

De 48 fr. 50 dans les dépenses d'entretien du matériel........................ 48 fr. 50

De 555fr. 5o pour installation d'un téléphone du sémaphore au port.................... 555 fr. 50

De 5oo pour achat d'une longue vue ci. 5 oo fr.

Le téléphone sera installé avant la fin de l'exercice et la longue vue est arrivée de France.

§ 3 : *Phare*

Prévisions pour 1888......... 21.53o fr.9o
Prévisions pour 1889......... 17.266.fr.12

Différence en moins.......... 4.264 fr. 78

Savoir :

Diminution de 2.79·) fr. 18 dans la solde et les vivres du personnel par suite de la suppression d'un gardien et de la diminution de l'indemnité représentative de vivres ci................... 2.799 fr. 18

De 1,ooo fr. dans les prévisions pour achat de matériel......................... 1,000 fr.

De 116 fr. 4o dans l'indemnité allouée au boulanger du phare...................... 116 fr. 4o

De 349 fr. 2o par suite de la suppression de l'indemnité pour la cambuse.

Persuadés que les magasins et les cambuses ne sont pour l'administration que des causes de dépenses, nous avons, nous conformant du reste aux intentions du Conseil, supprimé les magasins de vivres partout où il en existait encore ; les indigènes de la police et du port, le personnel du sémaphore, celui du phare perçoivent aujourd'hui une somme avec laquelle ils s'approvisionnent comme ils l'entendent.

Il a été impossible de supprimer le boulanger du phare, aucun service régulier n'existant entre l'îlot Amédée et le Chef-lieu.

Art. 3

Frais d'hospitalisation

Prévisions pour 1888.............. 5,ooof.
Prévirions pour 1889.............. 5,ooof.

Sans changement.

CHAPITRE IV

Dépenses diverses

§ 1er DÉPENSES NON CLASSÉES.
Prévisions pour 1888.......... 42.930 »»
Prévisions pour 1889.......... 6.492 »»

Différence en moins.......... 36.438 »»
s'expliquant comme suit:

1° Augmentation de 1,000 fr. pour frais de procédure civile........................ 1,000 »»

Cette prévision ne figurait pas aux budgets précédents, mais il a paru nécessaire de l'inscrire : sans doute elle ne repose sur aucune base, mais elle permet à l'administration d'engager une action,

De 2,910 fr. pour imputation à ce paragraphe de l'abonnement à l'avocat chargé de la défense des intérêts du Service local et qui figurait autrefois au chapitre 2 art. 3 § 1er.............. 2.910 »»

2° Diminution de 40,000 fr. somme mise à la disposition de la Direction de l'Intérieur par un crédit supplémentaire de 20,000 fr. voté par le Conseil général dans sa séance du 8 mars 1888 et par un second crédit supplémentaire de même somme qui a dû être voté d'urgence et dont la ratification doit être demandée au cours de la session...... 40,000 »»

Depuis plusieurs années, et grâce aux sacrifices que la colonie avait su s'imposer, les sauterelles avaient disparu totalement et éleveurs et cultivateurs pouvaient espérer en avoir fini avec ce terrible fléau ; malheureusement nous l'avons vu reparaître et avec une intensité qui n'est pas sans donner des inquiétudes pour l'année prochaine.

Les sauterelles ont été signalées partout mais c'est surtout dans les régions le Bouloupari, de Poya, de Koné-Pouembout et de Bondé qu'elles se sont montrées par bandes innombrables ; elles viennent d'être signalées à La Foa.

Dès que le Chef-lieu est informé, des instructions sont données pour l'emploi des indigènes et des condamnés et c'est grâce à l'activité apportée dans cette destruction que les résultats suivants ont été obtenus :

Bouloupari........   52 tonnes
Koné........ ....   13o tonnes
Ouégoa. ....   8 tonnes

soit un total de 19o tonnes ayant donné droit à des primes s'élevant à 25.741 fr. 15.

L'administration a pensé que la prime accordée était trop élevée, surtout si l'on considère qu'elle était en presque totalité perçue par l'administration pénitentiaire qui, outre qu'elle est intéressée dans la destruction des sauterelles, emploie à cette destruction du personnel qui jouit d'une solde ou que la loi astreint au travail ; par suite l'arrêté en date du 16 juillet 1888 a été pris qui fixe la prime à huit centimes par kilogr.

De 33o fr. pour l'installation d'une prise d'eau à l'Orphelinat........................,..   330 »»

Ce travail a été exécuté.

De 18 fr. pour allocation au médecin portée au chiffre net.

---

§ 2 *Célébration des fêtes publiques*

Prévisions pour 1888..........   12.9o4 »»
Prévisions pour 1889..........   5.15o »»

Différence en moins............   7.754 »»

provenant des deux diminutions ci-après :

1° de 3.58o fr. par suite de la suppression de la subvention allouée aux diverses municipalitées ; leurs budgets qui s'élèvent pour Nouméa à 398.4o3 fr. 67 et à 113.756 fr. 23 pour les diverses municipalités de l'intérieur doivent leur permettre de supporter les dépenses nécessaires pour la célébration des fêtes publiques.

Il n'a été prévu de subvention que pour les îles Loyalty et Touho où il n'y a pas de Commission municipale.

2° de 4.174 fr. pour illuminations et décorations des édifices publiques ; cette somme a été inscrite au Chapitre III; Ponts et chaussées.

§ 3 *Abonnements à diverses publications, achat de livres*

    Prévisions pour 1888............ 25.541 »»
    Prévisions pour 1889............ 25.541 »»
Ce paragraphe ne présente aucun changement au point de vue de la dépense, mais il a été apporté diverses modification. qui permettent de se rendre plus facilement un compte exact de la situation.

§ 4 *Frais de transport et d'emballage*

    Prévisions pour |1888............ 791 »»
    Prévisions pour 1889............ 791 »»
Sans changement.

§ 5 *Solde du gardien du dépôt de dynamite*

    Prévisions pour 1888.... ...... 1.925 »»
    Prévisions pour 1889.......... 1.925 »»
Sans changement.

§ 6 *Subventions diverses*

    Prévisions pour 1888.......... 14.11o »»
    Prévisions pour 1889.......... 3,61o »»

    Différence en moins............ 1o,5oo »»
résultant :

D'une augmentation de 5oo fr. comme subvention au comité local de l'Exposition permanente des colonies... 5oo »»
Et des diminutions ci-après :

1° 6,000 fr. pour subvention aux pilotes pour balisage. Cette somme figure au chapitre 3 art. 2 § 1er.. 6,000 »»
et 5,000 fr. pour la subvention aux municipalités de l'Intérieur.

Il a paru à l'administration que les sommes mises à la disposition de chaque commission municipale ànt plus que suffisantes pour assurer la marche ordinaire du service ; il appartient au Conseil de décider ce qu'il y a à faire dans les cas exceptionnels comme celui signalé dans un rapport spécial pour Pounérihouen.

La salle attenante à celle où se réunit le Conseil général a été mise à la disposition des Chambres de commerce et d'agriculture.

§ 7 *Encouragement et aide aux cultivateurs*

Prévisions pour 1888........... 24.250 »»
Prévisions pour 1889........... 29.94o »»

Différence en plus............. 5.69o »»

provenant d'une augmentation de pareille somme dans la prime prévue pour le tabac de production locale.

Cette somme n'est qu'approximative mais ne saurait avoir aucune influence sur le budget puisqu'elle ne représente qu'un remboursement toujours couvert par une recette antérieure.

Comme je le disais au sujet des prévisions de recettes, cette question de la prime accordée au tabac de production locale mérite une attention toute particulière.

Voici quelques renseignements à ce sujet :

1° Un arrêté en date du 7 juillet 1876 établit une taxe spéciale sur les tabacs importés en Nouvelle-Calédonie et fixe cette taxe à deux francs le kilogramme sur les tabacs à fumer manufacturés et non manufacturés.

2° Un arrêté en date du 13 mars 1877 modifie celui du 7 juillet 1876 en exemptant de tous droits les tabacs non manufacturés.

3° Un arrêté en date du 28 octobre 1879 abroge celui du 13 mars 1877 pour la raison que l'immunité dont ont joui les tabacs non manufacturés n'a pas donné les résultats attendus. Cet arrêté modifie en outre celui du 7 juillet 1876 en fixant le droit à 2 francs par kilog. comme pour les tabacs manufacturés et seulement à 1 franc pour ceux non manufacturés de toute provenance et entrant à Nouméa. Pour encourager l'agriculture, il est accordé *momentané-*

ment une prime de 1 fr. par kilog., pour le tabac non manufacturé de production locale ayant acquitté les droits.

4° Un arrêté en date du 14 décembre 188o abroge à compter du 1er janvier 1881 l'article 3 de celui du 28 octobre 1879 qui accordait une prime pour le tabac non manufacturé de production locale.

5° Un nouvel arrêté du 25 janvier 1881 rétablit la prime et la fixe à 1,o8 par kilog. après acquittement de la taxe.

6° Un arrêté en date du 21 août 1883 modifie l'arrêté du 28 octobre 1879 et accorde *momentanément* pour donner la même protection aux tabacs manufacturés à Nouméa et dans l'intérieur, une prime de un franc par kilog. de tabac non manufacturé de production locale ayant acquitté les droits et une prime de deux francs par kilog de tabac manufacturé de production locale ayant également acquitté les droits d'entrée.

8°Une décision du Conseil général du 27 novembre 1885, insérée au *Moniteur* du 3 février 1886 fixe la taxe sur les tabacs à fumer manufacturés à trois francs le kilog. et à 2 fr. 4o celle sur les tabacs non manufacturés.

7° Un arrêté en date du 21 mai 1886 modifie celui du 21 août 1883, et est ainsi conçu : « Il est *momentanément* accordé une prime de deux francs quarante centimes par kilogramme de tabac non manufacturé de production locale et aussi une prime de trois francs par kilogramme de tabac manufacturé de même production ayant acquitté les droits à l'entrée, à Nouméa. »

Tel est, Messieurs les Conseillers généraux l'historique de la législation locale au sujet des droits frappés sur le tabac.

En ce moment la prime est égale aux droits perçus de sorte que rien ne rentre au Trésor pour les frais occasionnés par la perception de cet impôt, et cependant des remises sont perçues sur le montant des droits.

D'un autre côté l'Administration pense qu'il y a lieu d'examiner quels résultats ont amené les sacrifices que fait la colonie pour la protection de la culture du tabac et si ces résultats militent en faveur du maintien de la situation actuelle.

Tous les renseignements nécessaires à l'examen de cette question ont été recueillis et sont à la disposition du Conseil.

§ 8. — *Indemnités pour recherches houillères*

Prévisions pour 1888............ 5.000 fr.
　　d° 　　　　 1889............ 　　 »

Différence en moins............ 5.000 fr.

M. Porte, pharmacien principal de la marine, en faveur duquel a été inscrite la prévision ci-dessus a obtenu un congé d'un an ; par suite cette subvention disparaît pour 1889.

La question du charbon préoccupe toujours vivement l'Administration. Des essais ont été faits à bord du *Duquesne* et à Brest ; ceux faits à Brest ont donné lieu à un rapport défavorable dont les conclusions communiquées à la colonie ont été victorieusement combattues.

En résumé la question reste en l'état, mais diverses concessions ont été accordées et, selon toutes probabilités, les recherches vont entrer dans une période plus active.

§ 9. — *Fonds de concours de la Colonie pour frais de participation à l'Exposition universelle de 1889.*

Prévisions pour 1888.............. 9.000 fr.
　　d° 　　　　 1889.............. 　　 »

En moins...................... 9.000

§ 1o. — *Frais d'installation d'une collection minéralogique*

Prévisions pour 1888....... .... 1.000 fr.
　　d° 　　　　 1889.............. 　　 »

Différence en moins................. 1.000 fr.

Cette installation doit être faite dans la salle du Conseil général.

—————

§ 11. — *Dépenses imprévues*

Prévisions pour 1888 . . . .   1o.513 fr. 73
d°   1889 . . . .   17.457 fr. 99

Différence en plus . . . .   6.944 fr. 26

—————

ARTICLE 2

§ 1er. — *Accessoires de la solde*

Prévisions pour 1888 . . . .   14.ooo fr.
d°   1889 . . . .   14.ooo fr.
Sans changement.

—————

ARTICLE 3

Contingent à verser au Trésor en remplacement de la retenue de 3 °/. au profit de la caisse des Invalides et de la marine.

Prévisions pour 1888 . . . .   26 800 fr.
d°   1889 . . . .   »
Différence en moins . . . .   26.800 fr.

Cette prévision a été inscrite au Chap. Ier — *Dettes exigibles.*

—————

CHAPITRE V

Dépenses d'exercices clos et périmés.

Aucun crédit n'est prévu pour les dépenses de l'espèce ; un crédit supplémentaire serait ouvert s'il était nécessaire.

Dépenses pour ordre

Prévisions pour 1888............ 2o5.ooo fr.
  d°   1889............ 222.ooo fr.

Différence en plus............. 17.ooo fr.

Cette différence est justifiée par les recettes effectuées en 1887.

Tel est l'exposé des motifs du Budget des recettes
et des dépenses du Service Local pour l'exercice 1889,
que j'ai l'honneur de soumettre à l'examen du Conseil.

Nouméa, le 8 août 1888.

Le Directeur de l'Intérieur p.i.

L. GAUHAROU.

www.ingramcontent.com/pod-product-compliance
Lightning Source LLC
Chambersburg PA
CBHW061246030726
47595CB00004B/1724